Sanft garen

bei Niedrigtemperatur

Fleisch, das auf der
Zunge zergeht

EDITION XXL

Vorwort

Der Mensch ist schon seit Jahrtausenden ein Jäger und Sammler! Ob sich die Steinzeitmenschen bei ihrer Jagd die schönsten Stücke Fleisch holten und auf einem kleinen offenen Feuer stundenlang garten, oder ob die Hunnen bei ihren wochenlangen Ritten das Fleisch unter ihrem Sattel bei Körpertemperatur „weichritten“: Fleisch und Fisch gehörten schon immer zu den Hauptnahrungsmitteln des Menschen.

Heute besinnt man sich wieder darauf, dass man für ein köstliches Steak oder einen schmackhaften Braten eigentlich weder eine total überhitzte Bratpfanne noch 220 °C im Backofen braucht. Was man allerdings wirklich benötigt, sind ausreichend Zeit und ein gutes Stück Fleisch! Jeder hat schon einmal die Erfahrung gemacht, dass aus einem Bratenstück, das in der Supermarkttheke einwandfrei aussah, beim Braten plötzlich Wasser austritt. Das Fleisch schrumpft bis zur Hälfte zusammen und ist am Ende nur noch zäh, also ungenießbar. Deshalb mein dringender Rat: Kaufen Sie nur Fleisch erster Güte. Es zahlt sich aus, denn gerade beim Garen bei Niedrigtemperatur entwickeln sich die Aromen besonders gut.

Die Qualität des Fleisches wird durch verschiedene Faktoren beeinflusst, vor allem durch das Futter. Wichtig ist auch, dass die Tiere stressfrei geschlachtet wurden, was man dem Fleisch leider nicht ansieht. Und sollten Sie die Möglichkeit haben, Fleisch von Weiderindern zu kaufen, dann zögern sie nicht: Diese Tiere haben nachweisbar zarteres Fleisch. Am besten Sie kaufen Ware aus der Region, beim Metzger Ihres Vertrauens. Dann können Sie auch sicher sein, dass die Reifezeit beachtet wurde.

Bei Geflügel und Fisch gibt es keine Reifezeit. Geflügel muss schnell und ohne Unterbrechung der Kühlkette verarbeitet werden. Damit gibt man Salmonellen wenig Chance. Bei Fisch ist es ähnlich. Schon an der Fischtheke können Sie „riechen“, ob der Fisch frisch ist. Wenn der Fisch einen starken Fischgeruch hat, ist er alt, denn wirklich frischer Fisch riecht nicht!

Lesen Sie die Rezepte sehr genau, dann kann nichts schiefgehen. Und Sie können Ihren gelungenen Braten oder Fisch in netter Runde mit Freunden oder Bekannten genießen!

Guten Appetit wünscht Ihnen

Elisabeth Bangert

- → **Personenanzahl**
- → **Zubereitungszeit**
- → **Garzeit**
- → **Backofentemperatur bei Ober-/Unterhitze**
- → **Kerntemperatur**

Inhalt

Fleisch und Fisch

Wie der Name ja schon sagt, wird beim sanften Garen bei Niedrigtemperatur das Fleisch nicht wie sonst üblich bei ca. 200 °C, sondern bei ca. 80–100 °C gegart. Hierbei wird das Fleischstück besonders zart und saftig, da der Fleischsaft im Braten bleibt und nicht wie bei hohen Temperaturen ausläuft.

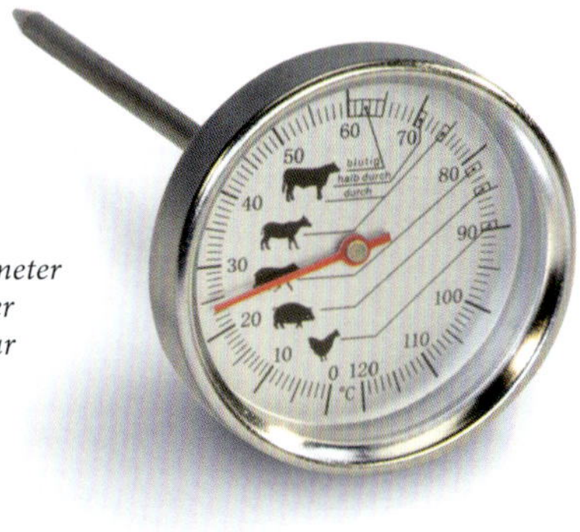

Bratenthermometer zum Messen der Kerntemperatur

Das Wichtigste beim Niedrigtemperaturgaren ist, dass das Fleischstück eine bestimmte Kerntemperatur erreicht. Diese liegt bei Fleisch bei 55–65 °C, bei Geflügel bei ca. 70 °C. Um die Kerntemperatur zu messen, benötigt man ein Bratenthermometer, das in die dickste Stelle des Fleisches gesteckt wird und dort von Anfang bis Ende der Garzeit verbleibt. Auch wenn man die Garzeit dazu nutzen kann, Beilagen, Soße und Ähnliches vorzubereiten, ist es unerlässlich, immer wieder auf die Anzeige des Bratenthermometers zu achten. Fleisch oder Fisch sind in Größe und Form derart unterschiedlich, dass auch unterschiedliche Garzeiten anfallen werden. Beachten Sie auch, dass sich die Garzeit verlängert, wenn der Braten dick mit Zwiebeln oder Gemüse belegt ist: Bis die Hitze durch diese Schicht dringt, dauert es einige Zeit. Unsere Zeitangaben können deshalb nur Richtwerte sein.

Als Test haben wir ein Stück Schweinebauch 17 Stunden bei 80 °C gegart. Das Fleisch war hervorragend, das Fett nicht mehr fett, sondern knackig, sozusagen „eingetrocknet". Kalt aufgeschnitten war der Schweinebauch ein absoluter Genuss!

Wenn Sie Gäste bewirten möchten, empfiehlt sich die Niedrigtemperaturmethode ganz besonders: Sie können ihnen nicht nur ein perfektes Stück Fleisch servieren – es ist auch völlig unproblematisch, wenn die Gäste etwas verspätet sind oder sich Ihr Zeitplan aus anderen Gründen etwas verschiebt. Denn es schadet dem Fleisch überhaupt nicht, wenn es noch ein Viertelstündchen länger im Ofen bleibt, im Gegenteil, eine lange Ruhezeit ist der Qualität sogar zuträglich. Wir raten Ihnen dennoch, ein neues Rezept erst einmal zu testen, bevor Sie Gäste einladen.

Rind

Rindfleisch ist kräftig rot. Man sollte gut marmorierte Fleischstücke kaufen, denn sie sind zarter und saftiger als sehr magere Stücke.

Filet *– für Steaks und Bœuf Stroganoff*

Roastbeef *– ist dunkelrot und leicht marmoriert. Kalt und dünn aufgeschnitten ein Genuss!*

Falsches Filet *– ist durch gute Fütterung etwas dunkler. Bei schlechter Fütterung ist das Fleisch heller, weil es zu viel Wasser enthält. D. h. je dunkler das Fleisch, desto hochwertiger ist es.*

Kalb

Kalbfleisch zeichnet sich durch seinen besonders milden Geschmack aus. Es hat eine feine Faserstruktur.

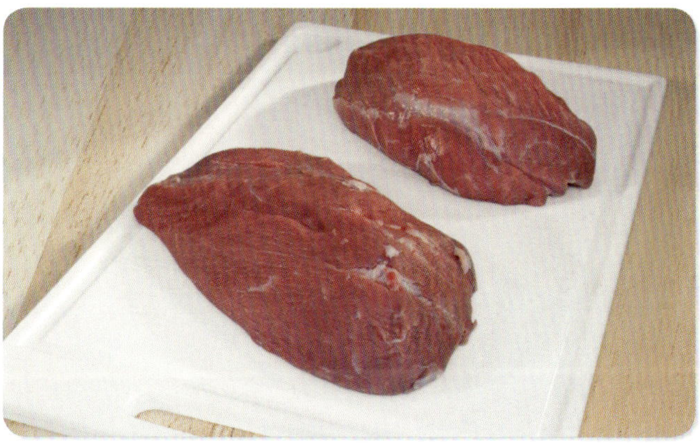

Hohe und flache Nuss

Schwein

Schweinenuss *– gehört zu den mageren Sorten. Hohe Stücke brauchen viel länger, bis sie gar sind.*

Krustenbraten *– ist durchwachsen. Die Schwarte vor dem Braten am besten mit einem Teppichmesser einritzen, damit die Schnitttiefe gleichmäßig wird.*

Lamm

Lammkeule, ausgebeint *– Lammfleisch aus Deutschland stammt von Tieren, die maximal zwölf Monate alt sind.*

Wild

Wild ist das natürlichste Fleisch überhaupt, da es nicht durch Massentierhaltung in seinem Geschmack verändert ist.

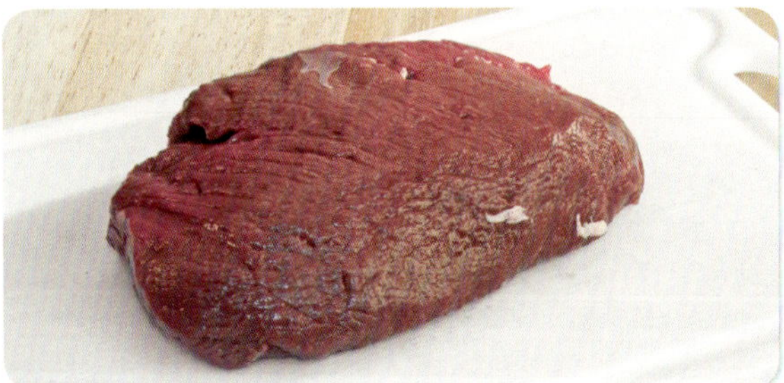

Hirschbraten

Wildschweinkeule

Rehkeule

Geflügel

Putenbrust

Gans *– Eine 3-kg-Gans reicht für maximal vier Personen, da sie nur an den Keulen und Flügeln Fleisch hat.*

Fisch

Seelachsfilet vom Rücken *– ist nahezu grätenfrei und daher auch teurer. Ganz frischer Seelachs hat eine leicht rosa Farbe. Durch die Lagerung in der offenen Theke dunkelt er dann etwas nach.*

Thunfisch *– ist sehr fett, deshalb sollte man höchstens 150 g pro Person einplanen.*

Seeteufel *– ein sehr edler Fisch ohne Gräten. Sein Fleisch ist sehr fest und unterscheidet sich dadurch von anderen Fischen.*

Tipps und Tricks

Beim Niedrigtemperaturgaren gibt es einige Regeln, die das Gelingen sehr positiv beeinflussen können und unbedingt beachtet werden sollten.

1. Ganz wichtig für die Berechnung der Garzeit ist die Ausgangstemperatur des Fleisches:
   - Kommt das Fleisch aus dem 0-Grad-Fach des Kühlschranks, dauert es ziemlich lange, bis es auf „Betriebstemperatur“ ist, und die Garzeit verlängert sich dementsprechend.
   - War das Fleisch im Kühlschrank gelagert, so hat es ca. 10 °C, was eine Zeitersparnis von ca. 2 Stunden bedeuten kann.
   - Am schnellsten geht es, wenn das Fleisch Zimmertemperatur (ca. 20 °C) hat. Das spart viel Garzeit ein, ist allerdings nicht bei hohen Sommertemperaturen zu empfehlen: Vor allem bei Geflügel besteht dann die Gefahr von Salmonellenbildung! Auch sollte Fleisch während des Temperierens so gelagert werden, dass es nicht direktem Sonnenlicht ausgesetzt ist und sich keine Fliegen daraufsetzen können.

2. Auch die Dauer des Anbratens wirkt sich auf die Garzeit aus: Je länger das Fleisch angebraten wird, umso mehr verkürzt sich auch die anschließende Garzeit. Das Anbraten in heißem Fett ist außerdem wegen des Geschmacks bedeutsam, denn dabei entwickeln sich Röststoffe, die für ein kräftiges Aroma sorgen. Außerdem erhält das Fleisch dadurch eine schöne Farbe. Braten Sie das Fleisch zuerst auf der Schnittseite an, damit sich die Poren schnell schließen und der wertvolle Saft im Fleisch erhalten bleibt. Nach dem Anbraten auf keinen Fall mit der Gabel ins Fleisch stechen, sonst läuft der Fleischsaft aus! Heben Sie den Braten lieber mit zwei Holzspateln aus der Pfanne.

3. Wenn Sie den Ofen vorwärmen, sollten Sie auch das Gefäß, in welches das angebratene Fleischstück gelegt wird, mit anwärmen. Auch das bringt eine nennenswerte Zeitersparnis.

4. Die Dauer der Bratzeit ist natürlich auch von der Größe des Fleischstückes abhängig. Je höher der Braten oder je dicker das Steak, umso länger muss es gegart werden! Geflügel und Fisch sind schneller gar als Schwein oder Wild. Außerdem eignen sich große Fische, wie Thunfisch oder Lachs, besser als kleine Fische, die sowieso nur eine kurze Garzeit benötigen. Ebenfalls von der Größe abhängig ist die anschließende Ruhezeit. In der Regel lässt man das fertige Fleisch 8 bis 10 Minuten ruhen, aber bei großen Stücken kann es auch mal eine halbe Stunde sein. Die Ruhezeit ist unumgänglich, weil sich dabei der Saft im Fleisch verteilt und beim Anschneiden nicht ausläuft. Die Ofentemperatur sollte während des Ruhens nicht weniger als 50 °C betragen, damit der Braten nicht kalt wird.

5. Ein unentbehrliches Utensil beim sanften Garen ist das Bratenthermometer. Es wird dort platziert, wo der Braten am dicksten ist, da an dieser Stelle die gewünschte Kerntemperatur zuletzt eintritt. Die Kerntemperatur ist die Temperatur, die im Inneren des Bratens gemessen wird. Wichtig ist, dass Sie nicht direkt am Knochen oder in einer Fettschicht messen, denn die an diesen Stellen gemessene Temperatur entspricht nicht genau der des Fleisches. Achten Sie beim Platzieren des Bratenthermometers darauf, dass Sie eine gute Sicht auf die Skala haben. Wenn Bratenfolie verwendet wird, das Bratenthermometer durch die Folie stechen.

Vorsicht: Das Bratenthermometer wird im Backofen heiß! Bitte nur mit Topflappen oder Ähnlichem herausziehen.

Keine Angst vor hohem Stromverbrauch aufgrund langer Garzeiten:

Stromverbrauch beim sanften Garen

Backofen-temperatur	Garzeit	Stromverbrauch in kWh Gesamt-Garzeit	angenommener Preis €/kWh ohne Grundkosten	Verbrauchs-kosten €
80 °C	4 Std.	1	0,29	0,29
80 °C	5 Std. 30 Min.	1,3	0,29	0,38
80 °C	7 Std.	1,9	0,29	0,55
80 °C	17 Std.	4,3	0,29	1,25
100 °C	2 Std. 5 Min.	0,8	0,29	0,23
100 °C	3 Std. 15 Min.	1,1	0,29	0,32
100 °C	5 Std. 5 Min.	1,7	0,29	0,49
100 °C	9 Std. 45 Min.	3	0,29	0,87

Stromverbrauch im Vergleich z. B. beim Kuchenbacken

Backofen-temperatur	Garzeit	Stromverbrauch in kWh Gesamt-Garzeit	angenommener Preis €/kWh ohne Grundkosten	Verbrauchs-kosten €
180 °C	1 Std.	1,2	0,29	0,35
200 °C	1 Std. 15 Min.	1,3	0,29	0,38

Schnelle *Soßen*

Da beim sanften Garen keine Flüssigkeit austritt, bleibt der Braten zwar schön saftig, aber es gibt auch keinen Fleischsaft, der als Grundlage für eine Soße dienen könnte. Der beim Anbraten in der Pfanne verbleibende Ansatz kann zwar verwendet werden, reicht aber bei weitem nicht aus. Wer Soße möchte, muss also mit einer anderen Grundsubstanz, wie z. B. Instantpulver oder Ähnlichem, eine Soße zubereiten. Im Folgenden finden Sie drei Vorschläge für schnelle Soßen:

Soße zu Rinderbraten

Zutaten:

1 Zwiebel
1 grüne Paprikaschote
evtl. Bratensatz vom Rinderbraten
1 EL Instant-Bratensoße
1 Scheibe trockenes Brot ohne Körner (ca. 50 g)
Salz, Pfeffer

Zubereitung:

Die Zwiebel abziehen und würfeln. Die Paprikaschote halbieren, die weißen Trennwände und die Kerne entfernen, waschen und in Streifen schneiden. In die Pfanne mit dem Bratenansatz vom Rinderbraten die Zwiebelwürfel und die Paprikastreifen hinzugeben und so lange dünsten, bis sie weich sind. ½ Liter Wasser auffüllen, zum Kochen bringen und die Instant-Bratensoße hineinrühren. Zum Andicken das Brot in die Soße geben und mitkochen, bis es ganz weich ist und zerfällt. Die Soße pürieren und nach Geschmack mit Salz und Pfeffer würzen.

Soße zu Geflügel

Zutaten:

1 Orange
1 Zwiebel
evtl. Bratensatz vom Geflügel
2 EL Butterschmalz
400 ml Geflügelfond
1 EL Instant-Bratensoße
1 EL Mehl
Salz, Pfeffer
etwas Petersilie

Zubereitung:

Die Orange auspressen. Die Zwiebel abziehen und klein schneiden. In der Pfanne mit dem Bratenansatz oder mit 2 Esslöffeln Butterschmalz die Zwiebelstücke glasig dünsten. Den Geflügelfond dazugießen und auf die Hälfte der Flüssigkeit einkochen lassen. Die Instant-Bratensoße und den Orangensaft hineinrühren. Das Mehl mit dem Schneebesen in ¼ Liter kaltem Wasser verquirlen und die Soße nach Bedarf andicken. Mit Salz und Pfeffer abschmecken und pürieren. Mit frischer Petersilie bestreuen.

Champignonsoße

Zutaten:

1 Zwiebel
2 EL Butterschmalz
500 ml Rinderfond
1 EL Mehl
100 g Champignons
Salz, Pfeffer, Muskatnuss
etwas Kresse

Zubereitung:

Die Zwiebel abziehen, fein würfeln und in dem Butterschmalz andünsten. Den Rinderfond aufgießen und aufkochen lassen. Das Mehl in ¼ Liter kaltem Wasser mit dem Schneebesen verquirlen und die Soße damit andicken. Mit Salz, Pfeffer und etwas Muskatnuss abschmecken. Die Soße pürieren. Die Champignons mit einem Pinsel säubern, die Stielenden abschneiden. Nicht waschen, da sie sich schnell mit Wasser vollsaugen und an Geschmack verlieren! In Scheiben schneiden und kurz vor dem Servieren in die heiße Soße geben. Mit frischer Kresse bestreuen.

Rinderbraten mit Feigen und Polenta

8 Personen

ca. 50 Minuten

ca. 4 ½ Stunden

80 °C

60 °C

Zutaten:

1 Knoblauchzehe
1 Zwiebel
1,5 kg Rinderbraten (Bürgermeisterstück)
Paprikapulver
75 ml Olivenöl
getrockneter Rosmarin
200 g Soft-Feigen
Salz, Pfeffer

Für die Soße:

1 EL Instant-Bratensoße
1 EL Mehl
Salz, Pfeffer

Für die Polenta:

400 g Maisgrieß
etwas Butter
Salz

Zubereitung:

1. Den Backofen auf 80 °C Ober-/Unterhitze vorheizen und eine feuerfeste, flache Form darin vorwärmen. Den Knoblauch abziehen und fein hacken. Die Zwiebel abziehen und vierteln.

2. Das Fleisch unter fließend kaltem Wasser abwaschen und mit Küchenkrepp trocken tupfen. Mit Salz, Pfeffer sowie Paprikapulver würzen und in dem heißen Olivenöl von allen Seiten in 15 Minuten anbraten.

3. Den Braten in die vorgewärmte Form legen und mit Rosmarin und dem Knoblauch bestreuen. Das Bratenthermometer an der dicksten Stelle des Bratens platzieren. Die Zwiebelstücke zum Braten legen und auf einem Ofengitter ca. 4 ½ Stunden auf der unteren Backofenschiene garen. Die Kerntemperatur sollte ca. 60 °C erreichen. Nach der Garzeit den Ofen ausschalten und den Braten noch etwas ruhen lassen.

4. Die Feigen in 5–8 mm dicke Stücke schneiden, mit 2–3 Esslöffeln des heißen Bratöls begießen und ruhen lassen. ½ Stunde vor Ende der Garzeit die Feigen in die Form zum Braten legen.

5. Für die Soße den restlichen Bratenansatz aus der Pfanne mit ½ Liter Wasser zum Kochen bringen, die Instant-Bratensoße hineinrühren und aufkochen. Das Mehl mit dem Schneebesen in ¼ Liter kaltem Wasser verquirlen und die Soße nach Bedarf damit andicken. Mit Salz und Pfeffer abschmecken. Die Feigen und die Zwiebeln der Soße hinzufügen.

6. In einem Topf 1½ Liter Wasser mit Salz aufkochen. Die Herdplatte auf niedrige Hitze zurückdrehen und unter ständigem Rühren nach und nach den Maisgrieß hinzufügen. So lange kochen (ca. 40 Minuten) und umrühren, bis sich der Brei vom Topfboden löst. Vor dem Servieren etwas weiche Butter hineinrühren. Den Polentabrei mit einem Spritzbeutel mit Sterntülle anrichten. Dazu passt ein frischer grüner Salat.

Rinderbraten mit Feigen und Polenta

Semmerrolle mit Paprikagemüse

6 Personen
ca. 40 Minuten
ca. 4 ½ Stunden
80 °C
60 °C

Zutaten:

1,4 kg Semmerrolle aus der Unterschale vom Rind
Paprikapulver
5 EL Sojasoße
3 EL Olivenöl
2 Zwiebeln
25 ml Olivenöl zum Anbraten
frisches Basilikum
Salz, Pfeffer

Für das Paprikagemüse:
je 2 rote, grüne und gelbe Paprikaschoten
2 EL Butter

Für die Soße:
1 EL Instant-Bratensoße
1 EL Mehl
Salz, Pfeffer

Zubereitung:

1. Den Backofen auf 80 °C Ober-/Unterhitze vorheizen. Ein Stück Bratenschlauch in der Größe des Bratens zuschneiden. Achtung: Ausreichend Schlauch zum Zubinden berücksichtigen!

2. Das Fleisch unter fließend kaltem Wasser abwaschen und mit Küchenkrepp trocken tupfen. In einer Schüssel mit Salz, Pfeffer, Paprikapulver und der Sojasoße würzen. 3 Esslöffel Olivenöl über den Braten gießen, einreiben und etwas ruhen lassen. Den Braten mehrmals wenden.

3. Die Zwiebeln abziehen und in Scheiben schneiden. 25 ml Olivenöl in der Pfanne erhitzen und das Fleisch rundherum in 10 Minuten anbraten. Das Basilikum waschen, trocken schütteln, die Blätter von den Stielen zupfen und den Braten damit belegen. Ein paar Blätter für die Dekoration zurückbehalten. Die Zwiebeln in der Pfanne anbraten und in den Bratenschlauch legen. Den Braten auf die Zwiebeln legen und den Bratenschlauch nach Packungsanweisung verschließen. Das Bratenthermometer durch den Bratenschlauch an der dicksten Stelle des Bratens platzieren. Auf einem Ofengitter ca. 4 ½ Stunden auf der unteren Backofenschiene schmoren. Die Kerntemperatur sollte ca. 60 °C erreichen. Nach der Garzeit den Ofen ausschalten und den Braten noch etwas ruhen lassen.

4. Für das Gemüse die Paprikaschoten halbieren, die weißen Trennwände und Kerne entfernen und waschen. In Stücke schneiden und in einem Sieb abtropfen lassen. Die Butter in einer Pfanne erhitzen, die Paprikastücke ca. 2 Minuten bei niedriger Temperatur darin dünsten und dabei die Pfanne leicht schwenken.

5. Für die Soße den Bratensatz und die Zwiebelscheiben aus dem Bratenschlauch in einen Topf geben. Mit ½ Liter Wasser auffüllen und zum Kochen bringen. Die Instant-Bratensoße hineinrühren. Das Mehl mit dem Schneebesen in ¼ Liter kaltem Wasser verquirlen, die Soße nach Bedarf damit andicken und pürieren. Mit Salz und Pfeffer abschmecken. Den Braten mit dem Paprikagemüse anrichten, mit Basilikum dekorieren und die Soße dazu reichen.

Schön gleichmäßig und ohne Fett!

Die Semmerrolle oder Schwanzrolle ist ein Teilstück der Unterschale. Sie ist oval und länglich gewachsen. Daher kann man aus ihr sehr schöne, gleich große Portionen schneiden. Man findet sie auch unter den Bezeichnungen Seemerrolle oder Semerrolle.

Rumpsteak mit Pfifferlingen

4 Personen

ca. 25 Minuten

ca. 1 ½ Stunden

100 °C

Zutaten:

4 Rumpsteaks à 250 g
2 EL Butterschmalz
400 g Pfifferlinge
1 Zwiebel
100 g Butter
½ Bund Schnittlauch
Salz, Pfeffer

Zum Servieren:
250 g Datteltomaten

Zubereitung:

1. Die Rumpsteaks unter fließend kaltem Wasser abwaschen und mit Küchenkrepp trocken tupfen.

2. Den Backofen auf 100 °C Ober-/Unterhitze vorheizen und eine feuerfeste, flache Form darin vorwärmen.

3. In einer Pfanne das Butterschmalz erhitzen und die Steaks von beiden Seiten ca. 2 Minuten anbraten.

4. Die Steaks in die vorgewärmte Form legen und beide Seiten mit Salz und Pfeffer würzen. Auf einem Ofengitter ca. 1 ½ Stunden auf der mittleren Backofenschiene garen. Nach der Garzeit den Ofen ausschalten und die Steaks noch ½ Stunde ruhen lassen. Mit dem Gabelrücken testen, ob die Steaks den gewünschten Garpunkt haben (siehe Tipp rechts).

5. Die Pfifferlinge mit einem Pilz- oder Kuchenpinsel säubern. Nicht waschen, da sie sich schnell mit Wasser vollsaugen und an Geschmack verlieren! Ganz hartnäckiger Schmutz kann mit einem Küchenmesser weggeschnitten werden. Die Stielenden abschneiden.

6. Die Zwiebel abziehen und fein würfeln. Die Butter in einer Pfanne schmelzen und die Zwiebelwürfel darin bei niedriger Temperatur glasig dünsten. Die Pfifferlinge hinzufügen und 5 Minuten mitdünsten. Mit Salz und Pfeffer abschmecken.

7. Den Schnittlauch waschen, trocken schütteln und in feine Röllchen schneiden.

8. Kurz vor dem Servieren die Schnittlauchröllchen unter die Pfifferlinge heben. Die Rumpsteaks mit den Pfifferlingen sowie ein paar Datteltomaten auf Tellern anrichten. Dazu passt frisches Weißbrot.

Um den Gargrad zu ermitteln …

… drücken Sie mit dem Gabelrücken auf das Fleisch. Das Fleisch ist …

… rare (blutig), wenn es sich weich anfühlt,
… medium (halb durch), wenn es federnd nachgibt,
… well done (durch), wenn es sich fest anfühlt.

Pilze nicht zu lange liegen lassen …

Frische Pilze sind äußerst empfindliche Lebensmittel. Sie sollten möglichst noch am Tag des Einkaufs bzw. des Sammelns verwendet werden. Frische Pilze halten sich, locker und luftig gelagert, im Kühlschrank maximal einen Tag.

Filetsteaks mit Mangospalten

4 Personen

ca. 20 Minuten

ca. 1 Stunde

90 °C

Zutaten:

Für die Steaks:
50 g Butterschmalz
4 Rinderfiletsteaks à 250 g
Salz, Pfeffer

Für die Soße:
1 Zwiebel
½ Bund glatte Petersilie
1 TL Instant-Fleischbrühe
2 reife Mangos
30 g Butterschmalz
1 EL eingelegte grüne Pfefferkörner
1 EL Zucker
2 EL weißer Balsamico-Essig

Zubereitung:

1. Den Backofen auf 90 °C Ober-/Unterhitze vorheizen und eine feuerfeste Form darin vorwärmen.

2. Das Butterschmalz in einer Pfanne erhitzen. Die Filetsteaks unter fließend kaltem Wasser abwaschen, mit Küchenkrepp trocken tupfen und ungewürzt von beiden Seiten scharf anbraten. In die vorgewärmte Form legen und auf einem Ofengitter ca. eine Stunde auf der mittleren Backofenschiene garen. Die Filetsteaks während dieser Zeit ein- bis zweimal wenden. Nach der Garzeit den Ofen ausschalten und die Steaks noch mindestens 10 Min. ruhen lassen.

3. Die Zwiebel abziehen und würfeln. Die Petersilie waschen, trocken schütteln und klein schneiden. ⅛ Liter Wasser zum Kochen bringen und die Instant-Fleischbrühe darin auflösen.

4. Die Mangos schälen, das Fruchtfleisch vom Kern abtrennen und in Spalten schneiden.

5. Das Butterschmalz erhitzen und die Zwiebelwürfel darin glasig dünsten. Die Pfefferkörner zu den Zwiebeln geben und die Petersilie kurz mitdünsten. Den Zucker über die Zwiebeln streuen, karamellisieren lassen und mit dem Essig ablöschen. Die vorbereitete Fleischbrühe dazugeben. Die Mangospalten unterheben und kurz mitdünsten.

6. Die Filetsteaks nach Belieben salzen, pfeffern und auf vorgewärmten Tellern mit den Mangospalten und der Soße anrichten. Dazu schmeckt frisches Baguette.

Frische Mangos ...

Wenn Sie die Möglichkeit haben, dann kaufen Sie die sogenannten Flugmangos: Diese sind wesentlich aromatischer, da sie statt mit dem Schiff mit dem Flugzeug importiert werden und dadurch längere Zeit am Baum reifen können. Aufgrund des hohen Transportaufwands sind Flugmangos allerdings wesentlich teurer.

Tafelspitz mit Spinat

6 Personen

ca. 35 Minuten

ca. 4 ½ Stunden

100 °C

60 °C

Zutaten:

1,5 kg Tafelspitz
3 Zwiebeln
1 Knoblauchzehe
5 Salbeiblätter
60 g Butterschmalz
Salz, Pfeffer

Für den Spinat:
1,5 kg Spinat
1 Zwiebel
30 g Butter
Muskatnuss
100 ml süße Sahne
Salz, Pfeffer

Zubereitung:

1. Den Backofen auf 100 °C Ober-/Unterhitze vorheizen. Eine feuerfeste Form darin vorwärmen. Das Fleisch von Fett und Sehnen befreien, unter fließend kaltem Wasser abwaschen und mit Küchenkrepp trocken tupfen.

2. Die Zwiebeln abziehen, halbieren und in Scheiben schneiden. Den Knoblauch abziehen und in kleine Stücke schneiden. Die Salbeiblätter kalt abbrausen und trocken schütteln.

3. In einer Pfanne das Butterschmalz erhitzen und den Braten rundherum anbraten. Den Braten salzen, pfeffern und in die vorgewärmte Form legen.

4. Die Zwiebeln und den Knoblauch in der Pfanne mit dem Bratensatz glasig dünsten. Mit Pfeffer würzen und auf dem Braten verteilen. Die Salbeiblätter auf die Zwiebeln legen. Den Braten auf einem Ofengitter ca. 4 ½ Stunden auf der mittleren Backofenschiene garen. Die Kerntemperatur sollte ca. 60 °C erreichen. Nach der Garzeit den Ofen ausschalten und den Braten noch etwas ruhen lassen.

5. Den Spinat gründlich putzen, waschen und abtropfen lassen. Einen großen Topf 5 cm hoch mit Wasser füllen, salzen und zum Kochen bringen. Den Spinat darin 2 Minuten – bei ganz zartem Spinat noch weniger – dünsten lassen. Die Spinatblätter herausheben und klein hacken.

6. Die Zwiebel abziehen und fein würfeln. In einem Topf die Butter erhitzen und die Zwiebelwürfel darin glasig dünsten. Den gehackten Spinat dazugeben und mit Salz, Pfeffer sowie Muskatnuss abschmecken. Vor dem Servieren die Sahne leicht schlagen und einen Esslöffel davon auf jede Portion Spinat geben. Den Tafelspitz mit Salbeiblättern dekoriert servieren.

Tafelspitz ist …

… ein Teil aus dem auslaufenden Schwanzstück von Rind oder Kalb. Das magere Fleisch wird beim Schmoren oder Kochen besonders saftig, eignet sich aber nicht zum Kurzbraten.

Roastbeef mit Brokkoli, Steinpilzen und Kürbispüree

Zubereitung:

1. Den Backofen auf 80 °C Ober-/Unterhitze vorheizen. Ein Abtropfblech in den Backofen stellen. Das Fleisch unter fließend kaltem Wasser abwaschen und mit Küchenkrepp trocken tupfen. Mit Meersalz und Pfeffer einreiben.

2. Das Olivenöl in einer Pfanne erhitzen. Das Fleisch rundherum ca. 6 Minuten anbraten. Herausnehmen, etwas ruhen lassen und mit dem Senf bestreichen. Das Bratenthermometer an der dicksten Stelle des Roastbeefs platzieren. Das Fleisch auf einem Ofengitter ca. 5 Stunden auf der mittleren Backofenschiene garen. Die Kerntemperatur sollte ca. 50 °C erreichen. Nach der Garzeit den Ofen ausschalten und das Fleisch noch etwas ruhen lassen.

3. Für das Püree das Kürbisfruchtfleisch schälen, in Spalten schneiden und die Kürbisspalten würfeln. Die Kartoffeln waschen, schälen, würfeln und zusammen mit den Kürbiswürfeln und einem Teelöffel Salz ca. 20 Minuten in einem geschlossenen Topf garen. Eventuell etwas Wasser dazugeben. Die gegarten Kartoffel- und Kürbisstücke pürieren, die Sahne mit hineinrühren und mit Salz und Pfeffer würzen.

4. Den Brokkoli putzen, in Röschen teilen und waschen. In reichlich Salzwasser bissfest garen und über einem Sieb abtropfen lassen. Die Pinienkerne in einer beschichteten Pfanne ohne Fett kurz anrösten. Vorsicht, sie verbrennen schnell! Vor dem Servieren den Brokkoli mit Salz und Pfeffer würzen und mit den Pinienkernen bestreuen.

5. Die Steinpilze sauber abbürsten und eventuell das erdige Ende des Stiels abschneiden. Schadhafte Stellen abschneiden oder mit einem Messer abkratzen. Sind es große Steinpilze, den Schwamm unter der Kappe entfernen. Die gesäuberten Pilze in Stücke schneiden. Die Zwiebel abziehen und würfeln. Die Butter in einer Pfanne erhitzen. Die Zwiebelwürfel und die Steinpilze ca. 5–10 Minuten dünsten. Mit Salz und Pfeffer würzen und mit Petersilie dekorieren.

Rind

6–8 Personen

ca. 15 Minuten

ca. 5 Stunden

80 °C

50 °C

Zutaten:

1,4 kg Roastbeef
8 EL Olivenöl
3 TL Senf
Meersalz, Pfeffer

Für das Kürbispüree:

400 g Kürbisfruchtfleisch
600 g mehligkochende Kartoffeln
200 ml süße Sahne
Salz, Pfeffer

Für das Brokkoli-Gemüse:

750 g Brokkoli
60 g Pinienkerne
Salz, Pfeffer

Für die Steinpilze:

500 g Steinpilze
1 Zwiebel
50 g Butter
frische Petersilie
Salz, Pfeffer

Roastbeef-Platte mit Meerrettichsahne

Zubereitung:

1. Den Backofen auf 80 °C Ober-/Unterhitze vorheizen. Ein Abtropfblech in den Backofen stellen. Das Fleisch unter fließend kaltem Wasser abwaschen und mit Küchenkrepp trocken tupfen. Mit Salz und Pfeffer würzen.

2. Das Olivenöl in einer Pfanne erhitzen. Das Fleisch rundherum in ca. 4 Minuten anbraten. Herausnehmen, etwas ruhen lassen und mit dem Senf bestreichen. Das Bratenthermometer an der dicksten Stelle des Bratens platzieren. Das Fleisch auf einem Ofengitter ca. 3 Stunden auf der mittleren Backofenschiene garen. Die Kerntemperatur sollte 50 °C erreichen. Nach der Garzeit den Ofen ausschalten und das Roastbeef noch etwas ruhen lassen.

3. Die Sahne steif schlagen. Den Meerrettich schälen, mit Zitronensaft abreiben, damit er nicht braun wird, und dann fein reiben. Sofort mit der Sahne mischen und mit dem Zitronensaft, dem Zucker und einer Prise Salz würzen. Die Meerrettichsahne möglichst frisch zubereiten, ansonsten bis zur Verwendung abgedeckt in den Kühlschrank stellen.

4. Das Roastbeef mit der Brotschneidemaschine dünn aufschneiden und auf einer großen Platte anrichten. Die Platte mit Petersilie und einer aufgeschnittenen Sharonfrucht dekorieren und mit der Meerrettichsahne servieren.

So geht's noch schneller …

Die Meerrettichsahne können Sie auch fertig zubereitet kaufen, z.B. in der Tube oder aus dem Glas.

Rind

2–4 Personen

ca. 15 Minuten

ca. 3 Stunden

80 °C

50 °C

Zutaten:

500 g Roastbeef
4 EL Olivenöl
1 TL Senf
Salz, Pfeffer

Für die Meerrettichsahne:
100 ml süße Sahne
20 g Meerrettich
2 TL Zitronensaft
1 Prise Zucker
Salz

Für die Dekoration:
frische Petersilie
1 Sharonfrucht

Falsche *Lende*

- 6 Personen
- ca. 30 Minuten
- ca. 3 Stunden
- 100 °C
- 60 °C

Zutaten:

750 g Rinderbraten bzw. falsche Lende vom Rind
50 g Butterschmalz
1 Knoblauchzehe
1–2 Brokkoli
500 ml Gemüsebrühe
200 g Steinchampignons
1 Päckchen Sauce Hollandaise
Salz, Pfeffer

Zubereitung:

1. Den Backofen auf 100 °C Ober-/Unterhitze vorheizen und eine feuerfeste Form darin vorwärmen.

2. Den Rinderbraten unter fließend kaltem Wasser abwaschen und mit Küchenkrepp trocken tupfen.

3. Das Butterschmalz in einer großen Pfanne erhitzen und den Braten darin von allen Seiten scharf anbraten. Dabei mit einer Zange wenden und nicht einstechen, damit kein Saft austritt.

4. Den Braten mit Salz und Pfeffer rundum einreiben. Die Knoblauchzehe abziehen, pressen oder fein würfeln und auf dem Braten verteilen. Das Bratenthermometer an der dicksten Stelle platzieren.

5. Den Braten in die vorgewärmte Form legen und auf einem Ofengitter ca. 3 Stunden auf der unteren Backofenschiene garen. Die Kerntemperatur sollte ca. 60 °C erreichen. Den Backofen auf 50 °C zurückdrehen und das Fleisch ca. 30 Minuten ruhen lassen.

6. Den Brokkoli putzen, waschen und zerteilen. In kochender Gemüsebrühe kurz blanchieren. Die Steinchampignons putzen und in Viertel schneiden. Die Sauce Hollandaise nach Packungsvorschrift erhitzen.

7. Das falsche Filet in Scheiben schneiden und zusammen mit dem Brokkoli, den Pilzen und der Sauce Hollandaise servieren. Dazu passt frisches Baguette.

Wichtig ist …

… dass Sie das Fleisch rechtzeitig aus dem Kühlschrank nehmen, damit es Raumtemperatur annimmt. Wenn das Fleisch direkt aus dem Kühlschrank kommt, verlängert sich die Garzeit um ca. 30 Minuten.

Schwäbischer Sauerbraten

6 Personen

ca. 20 Min. Zubereitung
5–10 Tage Beize

ca. 6 Stunden

100 °C

60 °C

Zutaten:

1,3 kg Rinderbraten (aus der Schulter oder vom Mittelbug)
etwas Mehl
50 g Butterschmalz
250 ml Fleischbrühe
1 EL Tomatenmark
3 Zwiebeln
1 EL Instant-Bratensoße
½ Bund Petersilie
Salz, Pfeffer

Für die Beize:
1 Zwiebel
4 Nelken
1 Petersilienwurzel
½ Sellerieknolle
1 l Essig
1 Lorbeerblatt
10 Pfefferkörner

Zubereitung:

1. Zur Herstellung der Beize die Zwiebel abziehen und mit den Nelken spicken. Die Petersilienwurzel und den Sellerie putzen, waschen und in Scheiben schneiden. Einen Liter Wasser mit dem Essig in einem Topf zum Kochen bringen, alle Zutaten hineingeben und ca. 15 Minuten aufkochen. Die Beize erkalten lassen. Das Fleisch unter fließend kaltem Wasser abwaschen, mit Küchenkrepp trocken tupfen und in eine Schüssel legen. Die Beize darübergießen und 5–10 Tage an einem kühlen Ort marinieren. Ab und zu das Fleisch wenden.

2. Den Backofen auf 100 °C Ober-/Unterhitze vorheizen. Eine feuerfeste, hohe Form darin vorwärmen. Das Fleisch aus der Beize nehmen und mit Küchenkrepp trocken tupfen. Die Beize durch ein Sieb gießen und ¾ Liter abmessen.

3. Das Fleisch in etwas Mehl wenden und in der Pfanne von allen Seiten in 40 g heißem Butterschmalz anbraten. Den Braten herausnehmen und in die vorgewärmte Form legen. Die Fleischbrühe und ¼ Liter Beize in die Pfanne gießen, das Tomatenmark hineinrühren, aufkochen und über den Braten gießen. Das Bratenthermometer an der dicksten Stelle des Bratens platzieren. Auf einem Ofengitter 6 Stunden im unteren Drittel des Backofens garen. Die Kerntemperatur sollte ca. 60 °C erreichen. Nach der Garzeit den Ofen ausschalten und den Braten noch etwas ruhen lassen.

4. Die Zwiebeln abziehen, würfeln und im restlichen Butterschmalz dünsten. Die Zwiebeln mit der Soße und der restlichen Beize ablöschen, aufkochen lassen und die Instant-Bratensoße hineinrühren. Eventuell mit Salz und Pfeffer abschmecken.

5. Die Petersilie waschen, trocken schütteln, von den Stielen zupfen und den Braten damit dekorieren. Zum Sauerbraten passen Semmelknödel mit gerösteten Semmelbröseln und Preiselbeeren.

Flache Kalbsnuss

4 Personen

ca. 20 Minuten

ca. 5 Stunden

100 °C

60 °C

Zutaten:

800 g flache Kalbsnuss
2 Gemüsezwiebeln
50 g Pflanzenfett
½ TL Paprikapulver
Salz, Pfeffer

Für die Karotten:
½ Bund Petersilie
1 kg Karotten
1 Zwiebel
40 g Margarine
1 EL Mehl
Muskatnuss
Salz, Pfeffer

Zubereitung:

1. Den Backofen auf 100 °C Ober-/Unterhitze vorheizen. Eine feuerfeste, flache Form darin vorwärmen. Das Fleisch unter fließend kaltem Wasser abwaschen und mit Küchenkrepp trocken tupfen.

2. Die Zwiebeln abziehen, halbieren und in feine Streifen schneiden.

3. Das Fleisch mit Salz und Pfeffer würzen. In einer Pfanne in dem erhitzten Pflanzenfett 5 Minuten rundum anbraten und in die vorgewärmte Form legen. Die Zwiebelstreifen im verbliebenen Bratensatz glasig dünsten und mit Salz, Pfeffer und dem Paprikapulver würzen.

4. Die Zwiebelstreifen auf dem Braten verteilen. Das Bratenthermometer an der dicksten Stelle des Bratens platzieren. Den Braten auf einem Ofengitter ca. 5 Stunden im unteren Drittel des Backofens garen. Die Kerntemperatur sollte ca. 60 °C erreichen.

5. Nach 3 Stunden Garzeit die Zwiebelstreifen vom Braten herunter an die Seite des Bratens schieben. Nach weiteren 2 Stunden Garzeit den Ofen ausschalten und den Braten noch etwas ruhen lassen.

6. Die Petersilie waschen, trocken schütteln und klein schneiden. Die Karotten waschen, schälen und in Scheiben schneiden. In Salzwasser blanchieren, über ein Sieb gießen und dabei die Gemüsebrühe auffangen.

7. Die Zwiebel abziehen und klein würfeln. In der erhitzten Margarine die Zwiebelwürfel glasig dünsten und das Mehl darüberstäuben. Nach und nach unter ständigem Weiterrühren mit der Gemüsebrühe auffüllen, bis eine sämige Soße entsteht. Mit Salz, Pfeffer und Muskatnuss abschmecken. Die Karotten der Soße hinzufügen und die Petersilie darüberstreuen.

8. Den Braten aufschneiden, mit den Karotten anrichten und die Zwiebeln als Beilage dazureichen.

Schweinebauch mit Bohnen

6 Personen

am Vorabend marinieren

ca. 5 Stunden Backofen
ca. 10 Minuten Grill

100 °C

65 °C

Zutaten:

1,4 kg Schweinebauch
3–4 EL Olivenöl zum Marinieren
1 TL Kümmel
3 Zwiebeln
4 EL Olivenöl zum Anbraten
Salz, Pfeffer

Für die Soße:

3 Zwiebeln
50 g Butterschmalz
1 EL Instant-Bratensoße
1 EL Mehl
Salz, Pfeffer

Für die Bohnen:

400 g Bohnen
75 g mild geräucherter Rohschinken, gewürfelt
1 Zwiebel
30 g Butterschmalz
Salz

Zubereitung:

1. Das Fleisch unter fließend kaltem Wasser abwaschen und mit Küchenkrepp trocken tupfen. Mit Salz und Pfeffer einreiben und mit dem Kümmel bestreuen. Etwas stehen lassen und dann mit 3–4 Esslöffeln Olivenöl übergießen. Mehrere Stunden im Kühlschrank durchziehen lassen, dabei gelegentlich wenden.

2. Den Backofen auf 100 °C Ober-/Unterhitze vorheizen. Eine feuerfeste, flache Form darin vorwärmen. Die Zwiebeln abziehen und in Streifen schneiden. In einer Pfanne 4 Esslöffel Olivenöl erhitzen und das Fleisch von allen Seiten ca. 5 Minuten anbraten. Mit der Schwarte nach oben in die vorgewärmte Form legen. Das Bratenthermometer an der dicksten Stelle des Bratens platzieren. Den Schweinebauch auf einem Ofengitter ca. 5 Stunden im unteren Drittel des Backofens garen. Die Kerntemperatur sollte ca. 65 °C erreichen.

3. Die Zwiebelstreifen in der Pfanne mit dem Bratensatz anbraten und mit Salz und Pfeffer würzen. Nach 4 Stunden Garzeit die Zwiebeln beilegen. Nach Ablauf der Garzeit den Grill auf Stufe 1 stellen und die Kruste des Bratens ca. 10 Minuten knusprig aufspringen lassen. Anschließend den Ofen ausschalten und den Braten noch etwas ruhen lassen.

4. Für die Soße die Zwiebeln abziehen und würfeln. Das Butterschmalz erhitzen und die Zwiebelwürfel glasig dünsten. ¾ Liter Wasser angießen, zum Kochen bringen, die Instant-Bratensoße hineinrühren und aufkochen. Das Mehl mit dem Schneebesen in ¼ Liter kaltem Wasser verquirlen und die Soße nach Bedarf andicken. Mit Salz und Pfeffer abschmecken.

5. Die Bohnen waschen, beide Enden abschneiden und die Fäden abziehen. In Salzwasser bissfest garen. Die Zwiebel abziehen und in feine Würfel schneiden. Das Butterschmalz in der Pfanne erhitzen, die Zwiebelwürfel glasig dünsten und die Schinkenwürfel kurz mit anbraten. Die abgetropften Bohnen unterheben. Dazu passen Semmelknödel.

Krustenbraten mit Karotten und Kartoffeln

Zubereitung:

1. Die Schwarte mit einem sehr scharfen Messer einritzen. Das Fleisch unter fließend kaltem Wasser abwaschen und mit Küchenkrepp trocken tupfen. Mit Salz, Pfeffer, der Sojasoße und dem Kümmel einreiben. Etwas stehen lassen und dann mit 50 ml Olivenöl übergießen. Mehrere Stunden im Kühlschrank durchziehen lassen, dabei gelegentlich wenden.

2. Den Backofen auf 100 °C Ober-/Unterhitze vorheizen. Einen flachen Bräter darin vorwärmen. Die Zwiebeln abziehen und würfeln. Die Karotten waschen, schälen und in ca. 5 cm lange Stifte schneiden.

3. 5 Esslöffel Olivenöl in einer Pfanne erhitzen. Den Braten ca. 10 Minuten von allen Seiten anbraten, in den vorgewärmten Bräter legen und warm stellen. Die Zwiebelwürfel im Bratensatz anbraten und die Karottenstifte kurz mit anbraten. Zwiebeln und Karotten im Bräter verteilen.

4. In der Pfanne ½ Liter Wasser zum Kochen bringen und die Instant-Bratensoße hineinrühren. Die Soße über die Karotten gießen. Das Bratenthermometer an der dicksten Stelle des Bratens platzieren. Den Braten mit der Schwarte nach oben auf einem Ofengitter ca. 6 Stunden im unteren Drittel des Backofens garen. Die Kerntemperatur sollte ca. 65 °C erreichen.

5. Die Kartoffeln waschen, sauber bürsten und ca. 10 Minuten vorkochen. Nach ca. 2 Stunden Bratengarzeit die Kartoffeln unter die Zwiebeln und Karotten mischen. Nach weiteren 4 Stunden den Backofengrill auf Stufe 1 stellen und für ca. 10 Minuten grillen. So erhält man eine knusprige Kruste. Den Ofen ausschalten und den Braten noch etwas ruhen lassen.

Schwein

6 Personen

ca. 45 Minuten
am Vorabend marinieren

ca. 6 Stunden Backofen
ca. 10 Minuten Grill

100 °C

65 °C

Zutaten:

2,5 kg Schweinekrustenbraten
4–5 EL Sojasoße
1 TL Kümmel
50 ml Olivenöl zum Marinieren
2 Zwiebeln
750 g Karotten
5 EL Olivenöl zum Anbraten
2 EL Instant-Bratensoße
1 kg kleine Kartoffeln (Drillinge)
Salz, Pfeffer

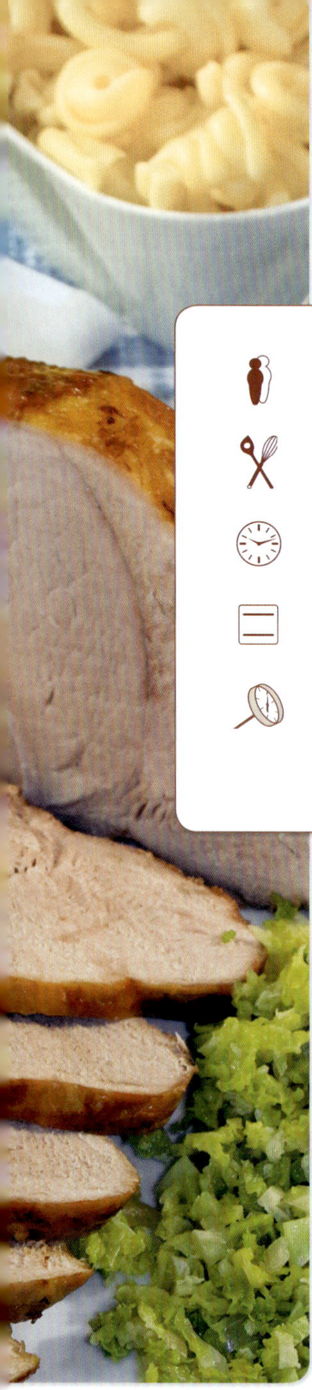

Schweinenuss mit Wirsing

6 Personen

ca. 10 Minuten

ca. 8 Stunden

100 °C

70 °C

Zutaten:

1,2 kg hohe Schweinenuss
Butterschmalz
Salz, Pfeffer

Für die Soße:
1 Zwiebel
1 EL Instant-Bratensoße
1 EL Mehl
frische Petersilie
Salz, Pfeffer

Für das Wirsinggemüse:
1 Kopf Wirsing
1 Zwiebel
30 g Butterschmalz
frisch gemahlene Muskatnuss
Salz, Pfeffer

Zubereitung:

1. Den Backofen auf 100 °C Ober-/Unterhitze vorheizen und eine feuerfeste Form darin vorwärmen. Das Fleisch unter fließend kaltem Wasser abwaschen und mit Küchenkrepp trocken tupfen. Mit Salz und Pfeffer würzen.

2. Das Butterschmalz in einer Pfanne erhitzen und das Fleisch 10 Minuten von allen Seiten anbraten. In die vorgewärmte Form legen und das Bratenthermometer an der dicksten Stelle des Bratens platzieren. Auf einem Ofengitter ca. 8 Stunden im unteren Drittel des Backofens garen. Die Kerntemperatur sollte ca. 70 °C erreichen. Nach der Garzeit den Ofen ausschalten und den Braten noch etwas ruhen lassen.

3. Für die Soße die Zwiebel abziehen, würfeln und in dem Bratensatz andünsten. Mit ½ Liter Wasser auffüllen und zum Kochen bringen. Die Instant-Bratensoße hineinrühren. Das Mehl mit dem Schneebesen in ¼ Liter kaltem Wasser verquirlen, die Soße nach Bedarf damit andicken und pürieren. Mit Salz und Pfeffer abschmecken. Vor dem Servieren mit Petersilie bestreuen.

4. Vom Wirsing die schadhaften Blätter entfernen, den Wirsingkopf vierteln, den Strunk entfernen, die Blätter grob zerkleinern, waschen und blanchieren. Die Zwiebel abziehen und würfeln. In einem großen Topf das Butterschmalz erhitzen und die Zwiebelwürfel darin glasig dünsten. Das klein gehackte Wirsinggemüse dazugeben, dünsten und mit Salz, Pfeffer und Muskatnuss würzen. Dazu passen Nudeln.

Kleine Fleischkunde …

Als Schweinenuss bezeichnet man einen Teil aus der Keule des Schweins. Er ist besonders saftig und fettarm und eignet sich nicht nur für Braten, sondern auch für Kurzgebratenes wie Steaks oder Medaillons.

Lenden-Pfefferbraten

2 Personen

ca. 15 Minuten

ca. 1 ½ Stunden

100 °C

65 °C

Zutaten:

1 Schweinelende (ca. 300 g)
grobes Meersalz
schwarze Pfefferkörner
30 g Butterschmalz
1 Knoblauchzehe
½ Bund Schnittlauch

Zubereitung:

1. Den Backofen auf 100 °C Ober-/Unterhitze vorheizen und eine feuerfeste Form darin vorwärmen.

2. Von der Lende die weiße Haut und eventuelle Sehnen entfernen, unter fließend kaltem Wasser abwaschen und mit Küchenkrepp trocken tupfen. Das Meersalz und die Pfefferkörner in der Salz- bzw. Pfeffermühle mahlen, vermischen und die Lende rundum mit der Mischung einreiben.

3. Das Butterschmalz in einer großen Pfanne erhitzen und die Lende darin von allen Seiten ca. 5 Minuten scharf anbraten. Dabei mit einer Zange wenden und nicht einstechen, damit kein Saft austritt.

4. Die Knoblauchzehe abziehen, pressen oder fein würfeln und auf der Lende verteilen. Das Bratenthermometer an der dicksten Stelle der Lende platzieren.

5. Die Lende in die vorgewärmte Form legen und auf einem Ofengitter ca. 1 ½ Stunden auf der mittleren Backofenschiene garen. Die Kerntemperatur sollte ca. 65 °C erreichen. Nach der Garzeit den Ofen ausschalten und die Lende noch ca. 15 Minuten ruhen lassen.

6. Den Schnittlauch waschen und in feine Röllchen schneiden. Die Lende damit bestreuen und servieren. Dazu passt ein frischer Salat, z. B. aus Gurken, Tomaten und Radieschen.

Wenn Sie keine große Form besitzen …

… können Sie die Lende einfach in der Mitte teilen und nebeneinander in einer kleineren Form wie beschrieben garen.

Lammkeule mit Petersilienkruste

8 Personen

ca. ½ Stunde

ca. 5 Std. Backofen
ca. 15 Minuten Grill

100 °C

60 °C

Zutaten:

1,5 kg Kartoffeln
800 g Tomaten
1,8 kg entbeinte Lammkeule
1 Zitrone
4 EL Olivenöl
Salz, Pfeffer

Für die Petersilienkruste:
2 Bund glatte Petersilie
6 Knoblauchzehen
6 EL Semmelbrösel
10 EL Olivenöl
75 g geriebener Parmesan
6 EL Butterschmalz

Zubereitung:

1. Den Backofen auf 100 °C Ober-/Unterhitze vorheizen. Die Kartoffeln waschen, schälen und in 1 cm dicke Scheiben schneiden. In Salzwasser gut 10 Minuten vorkochen. Die Tomaten enthäuten.

2. Von der Lammkeule das äußere Fett und die Sehnen entfernen, unter fließend kaltem Wasser abwaschen und mit Küchenkrepp trocken tupfen. Die Zitrone auspressen, die Lammkeule mit dem Zitronensaft einreiben und etwas ruhen lassen.

3. Die Petersilie waschen, trocken schütteln und klein hacken. Den Knoblauch abziehen und durch die Knoblauchpresse drücken. Alles mit den Semmelbröseln vermischen. Mit dem Olivenöl zu einer Paste verrühren. Die Hälfte der Paste abgedeckt zur Seite stellen.

4. Die Lammkeule mit Salz und Pfeffer einreiben. Das Olivenöl in einer Pfanne erhitzen und die Lammkeule von allen Seiten langsam ca. 15 Minuten anbraten.

5. Ein tiefes Backblech leicht einölen und mit den vorbereiteten Kartoffeln und Tomaten belegen. Mit Salz und Pfeffer würzen.

6. Die Lammkeule mit der Petersilienpaste von allen Seiten bestreichen und auf das Kartoffel-Tomaten-Bett legen. Das Bratenthermometer an der dicksten Stelle des Bratens platzieren. Auf einem Ofengitter ca. 5 Stunden auf der unteren Backofenschiene garen. Die Kerntemperatur sollte ca. 60 °C erreichen.

7. Die andere Hälfte der Petersilienpaste mit dem Parmesan mischen und 45 Minuten vor Garende auf die Lammkeule streichen. Das Butterschmalz in Flocken darauf verteilen. Ca. 15 Minuten unter den Grill, Stufe 1, stellen, bis die Petersilienkruste schön knusprig ist. Nach der Garzeit den Ofen ausschalten und die Lammkeule noch etwas ruhen lassen.

Lammbraten mit Bulgur-Salat

2 Personen

ca. 15 Minuten

ca. 2 Stunden

90 °C

60 °C

Zutaten:

400 g Lammbraten aus der Keule
1 Zitrone
½ Bund glatte Petersilie
1 Knoblauchzehe
4 EL Olivenöl
Salz, Pfeffer

Für den Salat:
80 g Bulgur
1 Frühlingszwiebel
1 Tomate
½ Bund glatte Petersilie
3 EL Olivenöl
Salz, Pfeffer

Zubereitung:

1. Den Backofen auf 90 °C Ober-/Unterhitze vorheizen und eine feuerfeste, flache Form darin vorwärmen.

2. Das Lammfleisch unter fließend kaltem Wasser abwaschen und mit Küchenkrepp trocken tupfen. Die Zitrone auspressen. Das Fleisch mit 2 Esslöffeln Zitronensaft einreiben und etwas ruhen lassen.

3. Die Petersilie waschen, trocken schütteln und klein schneiden. Den Knoblauch schälen und durch die Knoblauchpresse in eine kleine Schüssel drücken. Mit der Petersilie und 2 Esslöffeln Olivenöl mischen. Das Fleisch zuerst mit Salz und Pfeffer, dann mit der Petersilien-Knoblauch-Mischung einreiben.

4. Das restliche Olivenöl in einem Bräter erhitzen und das Fleisch ca. 3 Minuten scharf anbraten. Das Bratenthermometer an der dicksten Stelle des Bratens platzieren.

5. Den Braten in die vorgewärmte Form legen und auf einem Ofengitter ca. 2 Stunden auf der mittleren Backofenschiene garen. Die Kerntemperatur sollte ca. 60 °C erreichen. Nach der Garzeit den Ofen ausschalten und den Braten noch etwas ruhen lassen.

6. Den Bulgur waschen, 30 Minuten in kaltem Wasser einweichen und in einem Sieb abtropfen lassen.

7. Die Frühlingszwiebel putzen, waschen und in kleine Ringe schneiden. Die Tomate waschen, vierteln, entkernen, den Stielansatz entfernen und in kleine Stücke schneiden. Die Petersilie waschen, trocken schütteln und klein schneiden.

8. Den restlichen Zitronensaft mit Salz, Pfeffer sowie Olivenöl vermengen und mit den Frühlingszwiebelringen, den Tomatenstücken und der Petersilie unter den Bulgur mischen. Der Salat sollte mindestens eine Stunde durchziehen.

9. Den Braten aufschneiden und mit dem Bulgur-Salat servieren. Reichen Sie dazu Baguette.

Lamm

Hirschbraten mit Birnen

4 Personen

ca. 35 Minuten

ca. 3 ¼ Stunden

100 °C

65 °C

Zutaten:

800 g Hirschbraten
70 g Butterschmalz
1 EL Dijon-Senf

Für die Soße:
1 Zwiebel
1 EL Instant-Bratensoße
Salz, Pfeffer

Für die Birnen:
2 Birnen
30 g Zucker
1 EL Zitronensaft
1 kleines Glas Preiselbeeren

Für die Dekoration:
4 frische Feigen

Zubereitung:

1. Den Backofen auf 100 °C Ober-/Unterhitze vorheizen und eine feuerfeste Form darin vorwärmen. Das Fleisch von eventuellen Häuten und Sehnen befreien, unter fließend kaltem Wasser abwaschen und trocken tupfen. Mit dem Senf einreiben.

2. Das Butterschmalz in einer Pfanne erhitzen und den Braten von allen Seiten anbraten. In die vorgewärmte Form legen und das Bratenthermometer an der dicksten Stelle des Bratens platzieren. Auf einem Ofengitter ca. 3 ¼ Stunden auf der unteren Backofenschiene garen. Die Kerntemperatur sollte ca. 65 °C erreichen. Nach der Garzeit den Ofen ausschalten und den Braten noch etwas ruhen lassen.

3. Die Zwiebel abziehen, würfeln und in dem Bratensatz andünsten. Mit ½ Liter Wasser ablöschen. Mit Salz und Pfeffer abschmecken und mit der Instant-Bratensoße binden.

4. Die Birnen schälen, halbieren und das Kerngehäuse entfernen. 200 ml Wasser, den Zucker und den Zitronensaft in einem Topf aufkochen. Die Birnenhälften darin weich kochen, abtropfen lassen und mit den Preiselbeeren füllen. Die Feigen vierteln und zusammen mit den Birnen zum Braten servieren. Dazu passen Knödel und Rotkraut.

Hirsch ist sehr gesund …

Hirschfleisch enthält viel Eiweiß, wenig Fett und ist cholesterinarm. Wertvolle Inhaltsstoffe sind u.a. Omega-3-Fettsäuren, Selen, Zink, Eisen und B-Vitamine.

Wildschwein mit Pfirsichen

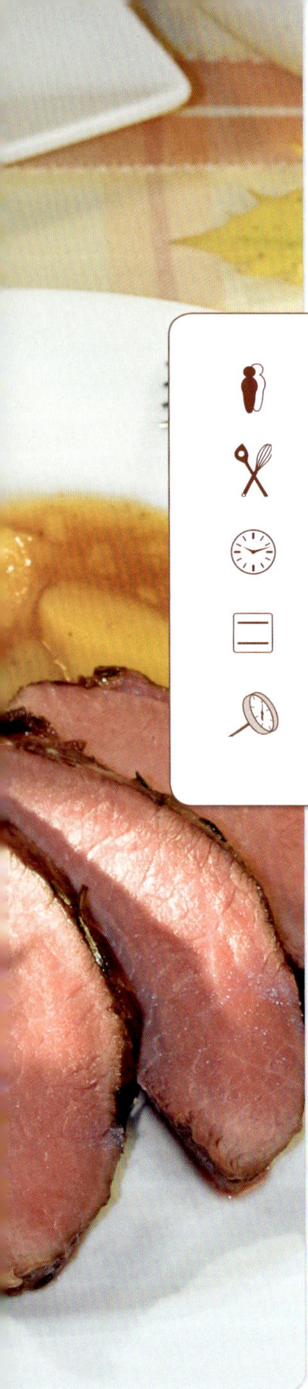

4–6 Personen

ca. 30 Minuten

ca. 3 Stunden

100 °C

60 °C

Zutaten:

ca. 1–1,5 kg Wildschwein
1 Zweig Rosmarin
50 g Butterschmalz
Salz, Pfeffer

Für die Soße:
4 halbe Pfirsiche (aus der Dose)
1 Zwiebel
30 g Butterschmalz
2 EL Instant-Bratensoße
1 EL Instant-Soßenbinder
125 ml Pfirsichsaft
Salz, Pfeffer

Zubereitung:

1. Den Backofen auf 100 °C Ober-/Unterhitze vorheizen. Eine feuerfeste Form darin vorwärmen. Das Fleisch von eventuellen Häuten und Sehnen befreien, unter fließend kaltem Wasser abwaschen und mit Küchenkrepp trocken tupfen. Den Rosmarin waschen, trocken schütteln und die Nadeln klein schneiden. Das Fleisch salzen.

2. 50 g Butterschmalz in einer Pfanne erhitzen. Das Fleisch ca. 5 Minuten von allen Seiten anbraten. Mit Pfeffer würzen. In die vorgewärmte Form legen und mit dem Rosmarin bestreuen. Das Bratenthermometer an der dicksten Stelle des Bratens platzieren.

3. Den Braten auf einem Ofengitter ca. 3 Stunden auf der unteren Backofenschiene garen. Die Kerntemperatur sollte ca. 60 °C erreichen. Nach der Garzeit den Ofen ausschalten und den Braten noch etwas ruhen lassen.

4. Die Pfirsichhälften in Spalten schneiden. Die Zwiebel abziehen und fein würfeln. Das Butterschmalz erhitzen und die Zwiebelwürfel darin andünsten. Mit einem Liter Wasser ablöschen. Die Instant-Bratensoße sowie den Instant-Soßenbinder hineinrühren und kurz aufkochen lassen. Den Pfirsichsaft dazugeben und mit Salz und Pfeffer abschmecken. Vor dem Servieren die Pfirsichspalten kurz in der Soße erhitzen.

5. Das Wildschweinfleisch in Scheiben schneiden und mit der Pfirsichsoße anrichten. Dazu passen als Beilage Schupfnudeln.

Wie Wildschwein schmeckt …

Das Fleisch des Wildschweins schmeckt deutlich intensiver und würziger als das eines Hausschweins. Man sollte aber darauf achten, kein Fleisch von Tieren zu kaufen, die während der Paarungszeit von November bis Januar erlegt wurden: Dieses Fleisch ist ungenießbar!

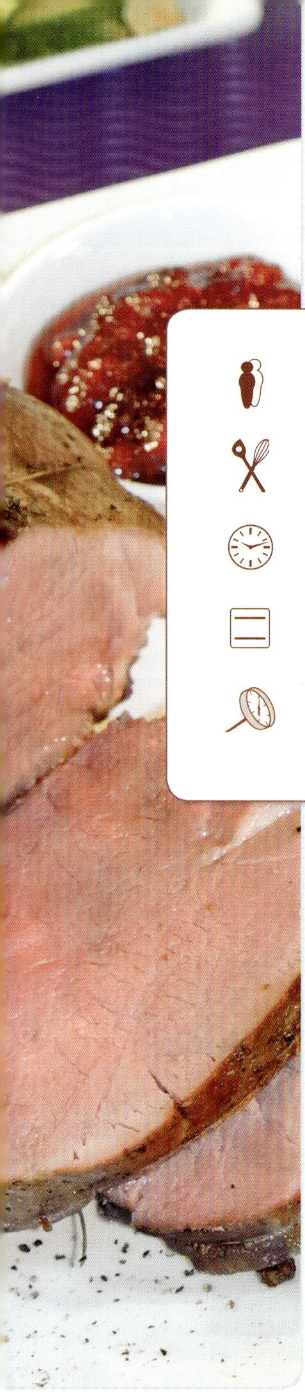

Rehkeule mit Preiselbeeren

6 Personen

ca. 25 Minuten

ca. 4 Stunden

100 °C

60 °C

Zutaten:

1,2 kg Rehkeule ohne Knochen, mit Wade
40 g Butterschmalz
Salz, Pfeffer

Für die Soße:
2 Zwiebeln
18 Wacholderbeeren
3 Nelken
400 ml Wildfond
1 EL Instant-Bratensoße
1 EL Mehl
3 EL Preiselbeeren
Salz, Pfeffer

Zubereitung:

1. Den Backofen auf 100 °C Ober-/Unterhitze vorheizen. Ein Abtropfblech in den Backofen stellen. Das Fleisch von eventuellen Häuten und Sehnen befreien, unter fließend kaltem Wasser abwaschen und trocken tupfen. Mit Salz und Pfeffer einreiben, zusammenrollen und mit Zwirn zusammenbinden.

2. Das Butterschmalz in einer Pfanne erhitzen und den Braten ca. 5 Minuten von allen Seiten anbraten. Das Bratenthermometer an der dicksten Stelle des Bratens platzieren. Auf einem Ofengitter ca. 4 Stunden im unteren Drittel des Backofens garen. Die Kerntemperatur sollte ca. 60 °C erreichen. Nach der Garzeit den Ofen ausschalten und die Rehkeule noch etwas ruhen lassen.

3. Die Zwiebeln abziehen und klein schneiden. Die Wacholderbeeren leicht mit der Gabel andrücken. Die Zwiebeln im Bratensatz glasig dünsten. Die Gewürze und den Wildfond dazugeben und auf die Hälfte der Flüssigkeit einkochen lassen.

4. Die Soße durch ein feines Sieb passieren und zurück in den Topf gießen. ¼ Liter Wasser hinzufügen, aufkochen lassen und die Instant-Bratensoße hineinrühren. Das Mehl mit dem Schneebesen in ¼ Liter kaltem Wasser verquirlen und die Soße nach Bedarf damit andicken. Die Preiselbeeren unterrühren und mit Salz und Pfeffer abschmecken. Dazu passen Nudeln, Preiselbeeren und eine Gemüseplatte aus Zucchini, Kohlrabi und Brokkoli mit gerösteten Mandelblättchen.

Formschöne Rolle …

Um die Rehkeule in Form zu bringen, wird sie mit reißfestem Zwirn oder Küchengarn wie ein Rollbraten gebunden.

Hähnchenschenkel mit Erbsenschoten

4 Personen

ca. 20 Minuten

ca. 2 ½ Stunden

100 °C

70 °C

Zutaten:

4 große Hähnchenschenkel
Paprikapulver
4 Zwiebeln
80 g Butterschmalz
Salz, Pfeffer

Für die Erbsenschoten:

500 g Erbsenschoten
30 g Butter
Salz, Pfeffer

Für die Dekoration:

1 Granatapfel

Zubereitung:

1. Den Backofen auf 100 °C Ober-/Unterhitze vorheizen. Eine feuerfeste Form darin vorwärmen. Die Hähnchenschenkel unter fließend kaltem Wasser abwaschen und mit Küchenkrepp trocken tupfen. Mit Salz, Pfeffer und Paprikapulver einreiben. Die Zwiebeln abziehen und würfeln.

2. In einer Pfanne 50 g Butterschmalz erhitzen und die Hähnchenschenkel 3 Minuten von allen Seiten anbraten. Die Hähnchenschenkel in die vorgewärmte Form legen.

3. Das restliche Butterschmalz in der Pfanne mit dem Bratensatz erhitzen, die Zwiebeln 10 Minuten dünsten und auf die angebratenen Hähnchenschenkel legen. Das Bratenthermometer an der dicksten Stelle eines Schenkels platzieren. Darauf achten, dass die Spitze des Thermometers den Knochen nicht berührt. Die Hähnchenschenkel auf einem Ofengitter ca. 2 ½ Stunden auf der mittleren Backofenschiene garen. Die Kerntemperatur sollte ca. 70 °C erreichen. Nach der Garzeit den Ofen ausschalten und die Hähnchenschenkel noch etwas ruhen lassen.

4. Die Erbsenschoten in gesalzenem, heißem Wasser ca. 2 Minuten kochen und anschließend kalt abschrecken. Die Butter in einem Topf erhitzen und die Erbsenschoten darin schwenken. Mit Salz und Pfeffer abschmecken.

5. Die Kerne aus dem Granatapfel lösen und die Hähnchenschenkel sowie die Erbsenschoten damit bestreuen.

So löst man die Kerne aus dem Granatapfel:

Das Öffnen der Frucht geht am leichtesten, wenn man kreisförmig um die Blüte herumschneidet, sie dann heraushebt und die Frucht auseinanderzieht. Lassen sich die weißen Fasern zwischen den einzelnen Kammern schwer entfernen und gehen die Kerne schwer heraus, dann ist das ein Zeichen, dass die Frucht nicht ausgereift ist.

Putenoberkeule mit Kartoffelpüree, Zwiebeln und Karotten

Zubereitung:

1. Mit einem scharfen Messer den eventuell vorhandenen Knochen aus der Keule lösen. Dabei direkt am Knochen entlangfahren und die äußere Haut nicht durchschneiden. Sehnen, Knorpel u. Ä. herausschneiden.

2. Das Fleisch mit der Hautseite nach unten in eine Schüssel legen. Die Sojasoße über das Fleisch gießen und über Nacht im Kühlschrank marinieren.

3. Den Backofen auf 100 °C Ober-/Unterhitze vorheizen und eine feuerfeste Form darin vorwärmen.

4. Das Olivenöl in einer großen Pfanne erhitzen. Das Fleisch trocken tupfen und im heißen Öl zuerst auf der Hautseite scharf anbraten. Dann wenden und weitere 2–3 Minuten anbraten.

5. Die Putenkeule mit der Hautseite nach oben in die vorgewärmte Form legen und das Bratenthermometer an der dicksten Stelle platzieren. Auf einem Ofengitter ca. 2 Stunden auf der unteren Backofenschiene garen. Die Kerntemperatur sollte ca. 70 °C erreichen. Den Backofen ausschalten und das Fleisch ca. 15 Minuten ruhen lassen.

6. Die Kartoffeln waschen, schälen und in Stücke schneiden. In kochendem Salzwasser ca. 30 Minuten garen. Die Kartoffeln abschütten und mit einem Kartoffelstampfer zu Püree verarbeiten. Dabei die Butter und etwas Milch unterrühren. Mit Muskat, Salz und Pfeffer abschmecken.

7. Die Karotten putzen, waschen und in längliche Streifen schneiden. In kochender Gemüsebrühe einige Minuten garen.

8. Die Zwiebeln abziehen und in halbe Ringe schneiden. Das Pflanzenöl erhitzen und die Zwiebelringe darin dünsten.

9. Die Putenkeule in Scheiben schneiden und mit dem Kartoffelpüree, den Zwiebeln und den Karotten servieren.

Geflügel

6 Personen

ca. 30 Minuten
am Vorabend marinieren

ca. 2 Stunden

100 °C

70 °C

Zutaten:

1300 g Putenoberkeule
3 EL Sojasoße
6 EL Olivenöl
5 Zwiebeln
3 EL Pflanzenöl
Salz, Pfeffer

Für das Kartoffelpüree:

2 kg mehlig kochende Kartoffeln
2 EL Butter
etwas Milch
gemahlene Muskatnuss
Salz, Pfeffer

Für die Karotten:

500 g Karotten
500 ml Gemüsebrühe

Putenoberkeule mit Kartoffelpüree, Zwiebeln und Karotten

Putenbrust mit Steinchampignons und Wirsinggemüse

4 Personen

ca. 40 Minuten

ca. 2 ½ Stunden

100 °C

60 °C

Zutaten:

800 g Putenbrust
1 Zwiebel
40 g Butterschmalz
Salz, Pfeffer

Für die Pilze:

500 g Steinchampignons
30 g Butter
½ Bund Petersilie
Salz, Pfeffer

Für das Wirsinggemüse:

1 Kopf Wirsing
1 Zwiebel
30 g Butterschmalz
200 ml süße Sahne
Muskatnuss
Salz, Pfeffer

Zubereitung:

1. Den Backofen auf 100 °C Ober-/Unterhitze vorheizen. Eine feuerfeste Form darin vorwärmen. Das Fleisch unter fließend kaltem Wasser abwaschen und mit Küchenkrepp trocken tupfen. Die Zwiebel abziehen und in grobe Stücke schneiden.

2. In einer Pfanne das Butterschmalz erhitzen, die Putenbrust 5 Minuten von allen Seiten anbraten, salzen und pfeffern. Den Braten in die vorgewärmte Form legen. In der Pfanne mit dem Bratensatz die Zwiebelstücke dünsten und auf dem Braten verteilen. Das Bratenthermometer an der dicksten Stelle des Bratens platzieren. Auf einem Ofengitter ca. 2 ½ Stunden im unteren Drittel des Backofens garen. Die Kerntemperatur sollte ca. 60 °C erreichen. Nach der Garzeit den Ofen ausschalten und den Braten noch etwas ruhen lassen.

3. Vom Wirsing die schadhaften Blätter entfernen, den Wirsingkopf vierteln, den Strunk entfernen, die Blätter grob zerkleinern, waschen und blanchieren. Den blanchierten Wirsing durch den Fleischwolf drehen. Die Zwiebel abziehen und würfeln. In einem großen Topf das Butterschmalz erhitzen und die Zwiebelwürfel darin hellgelb anschwitzen. Das Wirsinggemüse dazugeben und kurz mitdünsten lassen. Mit der Sahne aufgießen, mit Salz, Pfeffer und Muskatnuss würzen und ca. 15 Minuten bei geringer Hitze garen.

4. Die Champignons mit einem Pilz- oder Kuchenpinsel säubern. Nicht waschen, da sie sich schnell mit Wasser vollsaugen und an Geschmack verlieren! Die Stielenden abschneiden und die Pilze vierteln. Die Butter in einer Pfanne schmelzen, die Champignons hinzufügen und 5 Minuten dünsten. Mit Salz und Pfeffer abschmecken. Die Petersilie waschen, trocken schütteln und klein schneiden. Kurz vor dem Servieren die Petersilie unter die Pilze heben.

Putenbrust mit Steinchampignons und Wirsinggemüse

Gefüllte *Weihnachts*gans

6 Personen

ca. 1 Std. (ohne Angießen)

8½–9 Stunden

100 °C

80 °C

Zutaten:
1 Gans (ca. 3 kg)
100 g Butterschmalz
1 EL getrockneter Beifuß
Salz, Pfeffer

Für die Füllung:
3 altbackene Brötchen
180 ml heiße Milch
2 große Äpfel
1 Bund Petersilie
2 Eier
Muskatnuss
Salz, Pfeffer

Für die Glasur:
3 EL Quittengelee
6 TL Worcestersoße
6 TL scharfer Senf
Chilipulver

Zubereitung:

1. Eventuell beigepackte Innereien entfernen. Die Gans unter fließend kaltem Wasser abwaschen und mit Küchenkrepp trocken tupfen. Den Backofen auf 100 °C Ober-/Unterhitze vorheizen.

2. Für die Füllung die Brötchen in Würfel schneiden und die erhitzte Milch über die Brotwürfel gießen. Die Äpfel waschen, vierteln, entkernen und in grobe Stücke schneiden. Die Petersilie waschen, trocken schütteln und klein hacken. Aus Brotwürfeln, Apfelstücken, den Eiern und der Petersilie eine Masse herstellen und mit Muskatnuss, Salz und Pfeffer abschmecken.

3. Die Gans innen salzen, pfeffern, mit der vorbereiteten Masse füllen und mit den Zahnstochern verschließen. Die Haut der Gans kräftig salzen.

4. Das Butterschmalz in einem Bräter erhitzen. Die Gans ca. ½ Stunde anbraten – zuerst mit der Brustseite nach unten, dann wenden und weiter anbraten. Den Beifuß hinzufügen. Das Bratenthermometer in dem Fleisch an den Schenkelinnenseiten platzieren. Darauf achten, dass die Spitze des Thermometers den Knochen nicht berührt. Die Gans auf einem Ofengitter 8 ½ bis 9 Stunden auf der unteren Backofenschiene garen. Die Kerntemperatur sollte ca. 80 °C erreichen. Die Gans immer wieder mit dem Bratfett übergießen. Nach ca. 3 Stunden wenden.

5. Für die Glasur das Quittengelee mit der Worcestersoße und dem Senf verrühren und mit dem Chilipulver abschmecken. In der letzten Bratstunde die Gans immer wieder mit der Glasur bepinseln. Nach der Garzeit den Ofen ausschalten und die Gans noch etwas ruhen lassen.

6. Die Gans auf einer Platte anrichten und die Füllung als Beilage dazureichen. Dazu passen frischer Feldsalat und gedünstete Apfelscheiben.

Entenbrust mit Feldsalat

2 Personen

ca. 20 Minuten

ca. 5 Stunden

80 °C

60 °C

Zutaten:

1 Entenbrust (ca. 400 g)
1 EL Butterschmalz
Meersalz, Pfeffer

Für den Salat:
300 g Feldsalat
150 g Himbeeren
1 Zwiebel
1 TL Zucker
1 EL Essig
3 EL Öl
4 EL Mandelblättchen
Salz, Pfeffer

Für die Dekoration:
Balsamico-Creme

Zubereitung:

1. Den Backofen auf 80 °C Ober-/Unterhitze vorheizen. Ein Abtropfblech in den Backofen stellen. Die Entenbrust unter fließend kaltem Wasser abwaschen und mit Küchenkrepp trocken tupfen. Mit Salz und Pfeffer würzen.

2. Das Butterschmalz in einer Pfanne erhitzen. Die Entenbrust auf der Hautseite ca. 10 Minuten anbraten, wenden und weitere 5 Minuten anbraten. Das Bratenthermometer an der dicksten Stelle der Entenbrust platzieren.

3. Mit der Hautseite nach oben die Entenbrust auf einem Ofengitter ca. 5 Stunden auf der mittleren Backofenschiene garen. Die Kerntemperatur sollte ca. 60 °C erreichen. Nach der Garzeit den Ofen ausschalten und die Entenbrust noch etwas ruhen lassen.

4. Den Feldsalat putzen und gut waschen. Die Himbeeren verlesen. Die Zwiebel abziehen und sehr fein würfeln. Den Essig und das Öl mit Salz, Zucker und Pfeffer verrühren.

5. Die Mandelblättchen in einer beschichteten Pfanne ohne Fett kurz anrösten. Vorsicht, sie verbrennen schnell!

6. Die Teller mit der Balsamico-Creme verzieren. Die Entenbrust in dünne Scheiben aufschneiden. Den Salat mit der Salatsoße vermischen. Beides auf dem vorbereiteten Teller anrichten und mit den gerösteten Mandelblättchen bestreuen.

Auch schön als Vorspeise zum großen Dinner …

Die Entenbrust lässt sich gut vorbereiten. Sie eignet sich hervorragend als Vorspeise oder kleine Mahlzeit. Für mehr Personen: Rezept einfach entsprechend erweitern.

Entenbrust mit Orangensoße

4 Personen

ca. 20 Minuten

ca. 5 Stunden

80 °C

60 °C

Zutaten:

2 Entenbrüste à ca. 400 g
1 EL Butterschmalz
Meersalz, Pfeffer

Für die Soße:

1 Orange
1 Zwiebel
400 ml Entenfond
1 EL Instant-Bratensoße
1 EL Mehl
Salz, Pfeffer

Zubereitung:

1. Den Backofen auf 80 °C Ober-/Unterhitze vorheizen. Ein Abtropfblech in den Backofen stellen. Die Entenbrüste unter fließend kaltem Wasser abwaschen und mit Küchenkrepp trocken tupfen. Mit Salz und Pfeffer würzen.

2. Das Butterschmalz in einer Pfanne erhitzen. Die Entenbrüste auf der Hautseite ca. 10 Minuten anbraten, wenden und weitere 5 Minuten anbraten. Das Bratenthermometer an der dicksten Stelle einer Entenbrust platzieren.

3. Mit der Hautseite nach oben die Entenbrüste auf einem Ofengitter ca. 5 Stunden auf der mittleren Backofenschiene garen. Die Kerntemperatur sollte ca. 60 °C erreichen. Nach der Garzeit den Ofen ausschalten und die Entenbrüste noch etwas ruhen lassen.

4. Für die Soße die Orange auspressen. Die Zwiebel abziehen und klein schneiden. In der Pfanne mit dem Bratensatz die Zwiebel glasig dünsten. Den Entenfond dazugießen und auf die Hälfte der Flüssigkeit einkochen lassen. Die Instant-Bratensoße und den Orangensaft hineinrühren.

5. Das Mehl mit dem Schneebesen in ¼ Liter kaltem Wasser verquirlen und die Soße nach Bedarf andicken. Mit Salz und Pfeffer abschmecken. Dazu schmecken Kartoffelbrei und ein Salat aus Lollo Bianco und Radicchio.

Denn das Auge isst mit …

Den Kartoffelbrei in einen Spritzbeutel mit Sterntülle füllen und auf die Teller spritzen. Mit frisch gemahlenem Pfeffer eine schöne Dekoration!

Seelachsfilet mit Kartoffelkruste

4 Personen

ca. 25 Minuten

ca. 45 Minuten

100 °C

55 °C

Zutaten:

1,2 kg Seelachsfilet
2 TL Senf
1 Zwiebel
6 kleine Kartoffeln
30 g Butter
Paprikapulver
300 ml Fischfond
Butter für die Form
Salz, Pfeffer

Zubereitung:

1. Den Backofen auf 100 °C Ober-/Unterhitze vorheizen. Eine feuerfeste Form darin vorwärmen.

2. Das Fischfilet unter fließend kaltem Wasser abwaschen und mit Küchenkrepp trocken tupfen. In 4 gleich große Stücke teilen und mit dem Senf bestreichen.

3. Die Zwiebel abziehen und würfeln. Die Kartoffeln waschen, schälen und auf einer Reibe grob in eine Schüssel kaltes Wasser raspeln, damit sie nicht braun werden. Über einem Haarsieb abtropfen lassen und mit Küchenkrepp trocken tupfen.

4. Die Butter in einer Pfanne erhitzen und die Zwiebelwürfel mit den Kartoffelraspeln goldbraun anbraten. Mit Salz, Pfeffer und Paprikapulver würzen.

5. Den Fisch in die vorgewärmte, gebutterte Form legen und die Kartoffelmasse gleichmäßig darauf verteilen. Den Fischfond in die Form gießen. Das Bratenthermometer an der dicksten Stelle eines Fischfiletstückes platzieren. Auf einem Ofengitter ca. 45 Minuten auf der unteren Backofenschiene garen. Die Kerntemperatur sollte ca. 55 °C erreichen.

6. Nach der Garzeit den Ofen ausschalten und das Filet noch etwas ruhen lassen. Dazu schmeckt Rucola- und Radicchio-Salat.

Nachhaltigkeit ist wichtig!

Achten Sie darauf, dass der Seelachs aus nachhaltiger Fischerei stammt, da die Bestände weltweit zurückgehen. Sie erkennen die Herkunft an Zertifikaten, wie z.B. das MSC-Siegel.

Fisch

Viktoriaseebarsch-Röllchen

Zubereitung:

1. Das Fischfilet unter fließend kaltem Wasser abwaschen und mit Küchenkrepp trocken tupfen. Die Filets der Länge nach halbieren.

2. Sind die Fischstücke zum Rollen zu dick, diese am besten mit einem langen Messer teilen. Dazu legt man das Fischfilet auf die Arbeitsfläche, legt die flache Hand darauf und führt das Messer vorsichtig in der Mitte des Filets entlang. Durch das Auflegen der Hand hat man ein besseres Gefühl, sodass beide Hälften gleich dick werden.

3. Die Filets von beiden Seiten mit Salz und Pfeffer einreiben. Die Stücke zusammenrollen und mit einem Zahnstocher fixieren. Die Knoblauchzehe abziehen und fein würfeln.

4. Den Backofen auf 100 °C Ober-/Unterhitze vorheizen. Eine feuerfeste Glasform darin vorwärmen. Reichlich Rapskernöl in einer Pfanne erhitzen, die Fischröllchen von allen Seiten kurz anbraten und in die Glasform legen. Das Bratenthermometer platzieren. In der Pfanne den Knoblauch kurz andünsten und mit dem Rapskernöl auf den Fischröllchen verteilen.

5. Die Röllchen auf einem Ofengitter ca. 1 ½ Stunden im unteren Drittel des Backofens garen. Die Kerntemperatur sollte ca. 60 °C erreichen. Nach der Garzeit den Ofen ausschalten und die Röllchen noch etwas ruhen lassen.

6. Den Blattspinat verlesen, die groben Stiele abschneiden und waschen. Auf einem Sieb abtropfen lassen. Die Zwiebel abziehen, fein würfeln und mit Salz, Zucker, Pfeffer und dem Essig mischen. Den halben Bund Petersilie waschen, trocken schütteln, klein schneiden und in die Salatsoße rühren. Kurz vor dem Anmachen das Öl hinzufügen.

7. Den Bund glatte Petersilie waschen und trocken schütteln. Die Stiele entfernen und die Blätter auf etwas Küchenkrepp legen. Die Pinienkerne in einer beschichteten Pfanne ohne Fett kurz anrösten. Vorsicht, sie verbrennen schnell! Die abgetrocknete Petersilie etwas klein hacken, zu den Pinienkernen in die Pfanne geben und kurz mitrösten.

8. Die Petersilie mit den Pinienkernen über die Fischröllchen streuen. Zum Warmhalten in den Backofen zurückstellen.

9. Den Spinat mit der vorbereiteten Soße anmachen. Dazu schmeckt Kartoffelpüree.

4 Personen

ca. 30 Minuten

ca. 1 ½ Stunden

100 °C

60 °C

Zutaten:

800 g Viktoriaseebarschfilet
1 Knoblauchzehe
Rapskernöl
1 Bund glatte Petersilie
60 g Pinienkerne
Meersalz, Pfeffer

Für den Spinatsalat:

350 g Babyblattspinat
1 Zwiebel
½ TL Salz
½ TL Zucker
Pfeffer
3 EL Essig
½ Bund Petersilie
3 EL Öl

Thunfischsteaks mit bunter Garnitur

4 Personen

ca. 20 Minuten

ca. 45 Minuten

100 °C

50 °C

Zutaten:

4 Thunfischsteaks à 150 g
6 EL Olivenöl
1 kg Kartoffeln
Meersalz, Pfeffer

Für die Garnitur:

1 Eichblattsalat
1 Zwiebel
1 TL Zucker
2 EL Essig
2 EL Öl
150 g Zuckererbsen
250 g Babykarotten
20 g Butter
4 Garnelen ohne Schale
Salz, Pfeffer

Zubereitung:

1. Die Thunfischsteaks unter fließend kaltem Wasser abwaschen und mit Küchenkrepp trocken tupfen. Mit dem Meersalz einreiben und mit Pfeffer bestreuen.

2. Den Backofen auf 100 °C Ober-/Unterhitze vorheizen. Eine feuerfeste Form darin vorwärmen. In einer Pfanne das Olivenöl erhitzen und die Thunfischsteaks auf jeder Seite ½ Minute anbraten. Die Steaks in die vorgewärmte Form legen und auf einem Ofengitter ca. 45 Minuten im unteren Drittel des Backofens garen. Die Kerntemperatur sollte ca. 50 °C erreichen. Nach der Garzeit den Ofen ausschalten und die Steaks noch etwas ruhen lassen.

3. Die Kartoffeln waschen, schälen und mit 2 Teelöffeln Salz in reichlich Wasser gar kochen.

4. Den Eichblattsalat putzen, waschen und auf einem Sieb abtropfen lassen. Die Zwiebel abziehen, fein würfeln und mit ½ Teelöffel Salz, dem Zucker, Pfeffer sowie dem Essig und dem Öl mischen.

5. Die Zuckererbsen waschen, an beiden Enden abschneiden und eventuelle Fäden dabei abziehen. In reichlich Salzwasser ca. 5 Minuten blanchieren. Auf ein Sieb schütten und gut abtropfen lassen.

6. Die Babykarotten waschen, in Streifen schneiden und in Salzwasser ca. 10 Minuten blanchieren. Auf ein Sieb schütten und gut abtropfen lassen.

7. Die Butter in einer Pfanne schmelzen. Die Garnelen, die Karottenstreifen und die Zuckererbsen darin schwenken.

8. Die Thunfischsteaks auf Tellern mit der angemachten Gemüsegarnitur und den Garnelen anrichten. Dazu die Salzkartoffeln reichen.

Seeteufelfilet mit Äpfeln

6 Personen

ca. 20 Minuten

ca. 30 Minuten

80 °C

55 °C

Zutaten:

800 g Tomaten
Tomatenwürzsalz
2 Zwiebeln
3 Äpfel (Boskop)
1 Bund glatte Petersilie
50 g Butterschmalz
1 kg Seeteufelfilet
Mehl
140 g Butter
Saft von 1 Limette
Salz, Pfeffer

Zubereitung:

1. Die Tomaten enthäuten, indem man den Strunk entfernt und die Unterseite kreuzförmig einritzt. Die Tomaten mit reichlich kochendem Wasser übergießen. Wenn sich die eingeritzte Haut rollt, die Tomaten aus dem heißen Wasser nehmen und mit kaltem Wasser abschrecken. Die Haut abziehen, die Tomaten vierteln und in Spalten schneiden. Die Kerne und Trennwände entfernen und mit Tomatenwürzsalz und Pfeffer würzen.

2. Die Zwiebeln abziehen, halbieren und in Scheiben schneiden. Die Äpfel schälen, vierteln, entkernen und grob würfeln. Die gewaschene Petersilie trocken schütteln und grob schneiden.

3. Den Backofen auf 80 °C Ober-/Unterhitze vorheizen. Eine feuerfeste Form darin vorwärmen. In einer Pfanne das Butterschmalz erhitzen. Die Zwiebelscheiben darin andünsten. Die Tomatenspalten hinzufügen und mitdünsten.

4. Das Seeteufelfilet unter fließend kaltem Wasser abwaschen, mit Küchenkrepp trocken tupfen und in Stücke schneiden. Mit Salz und Pfeffer würzen. In Mehl wenden, dabei überschüssiges Mehl abklopfen.

5. 100 g Butter in einer Pfanne erhitzen und die Filetstücke rundum anbraten. Die Filetstücke in die vorgewärmte Form legen. Die restliche Butter in der Pfanne erhitzen und die Apfelstücke 5 Minuten darin dünsten. Die Apfelstücke über dem Fisch verteilen und das Bratenthermometer in einem Filetstück platzieren. Auf einem Ofengitter ca. 30 Minuten im unteren Drittel des Backofens garen. Die Kerntemperatur sollte ca. 55 °C erreichen. Nach der Garzeit den Ofen ausschalten und das Filet noch etwas ruhen lassen.

6. Die Tomaten, Zwiebeln, Apfelstücke und die Petersilie mit dem Seeteufel anrichten. Wer mag, kann den Fisch mit Limettensaft beträufeln. Dazu passt eine Basmati-Wildreis-Mischung.

Register

Genehmigte Lizenzausgabe
EDITION XXL GmbH
Industriestraße 19
64407 Fränkisch-Crumbach 2017
www.edition-xxl.de

Idee und Projektleitung: Sonja Sammüller
Layout, Satz und Umschlaggestaltung:
design cat GmbH

ISBN 978-3-89736-827-9

Bildnachweis
Shutterstock: getideaka 11; haraldmuc 5, 6, 7;
Rawpixel.com 4; Slavica Stajic 7; stockcreations 8

Alle weiteren Fotos: design cat GmbH

Wir bedanken uns ganz herzlich bei dem Team der Fleisch- und Fischtheke des Edeka Aktiv Markt Graulich in Reichelsheim für die fachliche Unterstützung!